# Ü-Sammlungsverwaltung

### Hartplastik Deutschland

von
Michael Graf

Alle Rechte vorbehalten. Es handelt sich um eine Sammlungsverwaltungshilfe. Die Namen und Rechte der jeweiligen Objekte liegen beim Lizenz- und Markeninhaber.
© 2019

Impressum
Michael Graf
Friedbergerstr. 98
61118 Bad Vilbel
0179/1473259
ep-verlagbadvilbel@web.de

Herstellung und Verlag:
BoD - Books on Demand, Norderstedt
ISBN: 9783751957137

**Worum geht es in diesem Buch?**

Ü-Ei-Kataloge sind eine teure Angelegenheit und ein wichtiger Faktor beim sammeln von Figuren. Aufgrund der Vielzahl an Informationen darin, sind sie aber auch sehr unhandlich und wiegen je nach Ausgabe auch schon einmal über 1 kg.

Die Ü-Ei-Figuren-Sammlungsverwaltung vereinfacht das sammeln von Hartplastikfiguren auf simple Art und Weise.

Chronologisch aufgelistet, finden Sie hier alle Ü-Ei-Figuren ab der Serie Erkennst Du Deinen Schlumpf aus dem Jahre 1979 bis zu aktuellen Serien des Jahres 2019.

Neben jeder Figur finden Sie ein Kästchen zum ankreuzen. Setzen Sie Ihr Kreuz, wenn Sie die Figur in Ihre Sammlung aufgenommen haben.

Das Buch sollte immer dabei sein, wenn Sie auf Flohmärkten stöbern oder eine Ü-Ei-Börse besuchen. So haben Sie den Stand Ihrer Sammlung immer greifbar.

Unter jeder Serie lassen wir Platz für handschriftliche Eintragungen. Hier können dann Varianten oder Besonderheiten nachgetragen werden. Einige Varianten haben wir bereits eingefügt.

Die Vorteile:

Das Buch verzichtet auf Bilder. Es ist daher extrem günstig.
Das Buch wiegt nur wenige hundert Gramm.
Es ist handlich und schnell verstaut.

Wir wünschen viel Erfolg beim sammeln.

Besuchen Sie uns auf Facebook - Der-Ü-Ei-Blog

## 1979 – 1984 - Erkennst Du Deinen Schlumpf

| |   |
|---|---|
| Musikus – lange Flöte – 5 Kleine Löcher | |
| Musikus – lange Flöte – 3 kleine, 2 große Löcher | |
| Musikus – kurze Flöte – kleine Löcher | |
| Musikus – kurze Flöte – große Löcher | |
| Träumer | |
| Oberschlumpf – weiß bemalter Bart | |
| Oberschlumpf – unbemalter Bart | |
| Schüchterner mit Blume – dünner Stiel | |
| Schüchterner mit Blume – dicker Stiel | |
| Eitelkeitsschlumpf mit Spiegel | |
| Nachtwächterschlumpf | |
| Nachtwächterschlumpf mit seitlich verformtem Kopf | |
| Schwatzschlumpf | |
| Schlafmütze | |
| Touristenschlumpf | |
| Kicherschlumpf | |
| Limoschlumpf | |
| Schleckermäulchen | |
| | |
| | |
| | |
| | |
| | |
| | |
| Beipackzettel | |

## 1979 – 1984 – Erkennst Du Deinen Schlumpf - Varianten

| |
|---|
| Musikus – dunkelblau – rote Flöte, gelb übermalt |
| Träumer – dunkelblau |
| Papaschlumpf – dunkelblau |
| Der Schüchterne – dunkelblau - matte, hellrote Blume |
| Eitelkeitsschlumpf – dunkelblau – Spiegel silber |
| Nachtwächter – dunkelblau |
| |
| Musikus – blaues Grundmaterial – gelbe, lange Flöte |
| Träumer - blaues Grundmaterial |
| Papaschlumpf - blaues Grundmaterial |
| Der Schüchtere - blaues Grundmaterial |
| Eitelkeitsschlumpf - blaues Grundmaterial |
| Nachtwächter - blaues Grundmaterial |

## 1983 – Olympiade der Schlümpfe

| |  |
|---|---|
| Suchschlumpf | |
| Suchschlumpf – gelbes Grundmaterial - Testversion | |
| Sackhüpfschlumpf | |
| Hüpfballschlumpf | |
| Schirischlumpf | |
| Stelzenschlumpf | |
| Eierlaufschlumpf | |
| Hüpfschlumpfine – Sockel gelb, Füße weiß | |
| Hüpfschlumpfine – Sockel weiß, Füße gelb | |
| Hüpfschlumpfine – Sockel und Füße unbemalt. | |
| Negerkussschlumpf | |
| Negerkussschlumpf – braune Hälfte | |
| | |
| Beipackzettel | |
| | |
| **Schlierige Bemalung** | |
| Stelzenschlumpf | |
| Eierlaufschlumpf | |
| Hüpfschlumpfine | |
| Suchschlumpf | |
| Negerkussschlumpf | |
| Papaschlumpf | |
| | |
| | |
| | |

# 1983 – Olympiade der Schlümpfe

## Perlmuttschümpfe

Stelzenschlumpf
Eierlaufschlumpf
Hüpfschlumpfine
Negerkussschlumpf


## Maxi-Ei Schlümpfe – Ohne Zubehör erschienen

Stelzenschlumpf – Löcher in den Handflächen nur angedeutet
Eierlaufschlumpf
Schlumpfine

## 1984 - Tao Tao

| | |
|---|---|
| Tao steht – große Augen | |
| Tao steht – große Augen – Schwanz weiß bemalt | |
| Tao steht – kleine Augen | |
| Tao steht – graue, kleine Augen | |
| Tao sitzt nach vorn gebeugt – große Augen | |
| Tao sitzt nach vorn gebeugt – große Augen – Schwanz weiß | |
| Tao sitzt nach vorn gebeugt – große Augen – Schwanz grau | |
| Tao sitzt nach vorn gebeugt - kleine Augen | |
| Tao sitzt nach vorn gebeugt – graue, kleine Augen | |
| Tao sitzt winkend – große Augen | |
| Tao sitzt winkend – kleine Augen | |
| Tao sitzt winkend – grau, kleine Augen | |
| Tao sitzt winkend – grau, kleine Augen - Tatzen gepunktet | |
| Tao Mutter mit Kind – große Augen | |
| Tao Mutter mit Kind – kleine Augen | |
| Tao Mutter mit Kind – graue, kleine Augen | |
| Tao Mutter mit Kind – graue, kleine Augen – Tatzen gepunktet | |
| Löwe – große Augen | |
| Löwe – kleine Augen | |
| Löwe – große, grüne Augen | |
| Braunbär – heller Bauch | |
| Braunbär – dunkler Bauch | |
| | |
| | |
| | |

## 1984 – Tao Tao

| | |
|---|---|
| Häschen Pooh sitzend | |
| Häschen Pooh sitzend – transparente Bemalung „wässrig" | |
| Häschen Pooh liegend | |
| Häschen Pooh liegend – transparente Bemalung „wässrig" | |
| Eichhörnchen – hellbraun | |
| Eichhörnchen – dunkelbraun | |
| Affenmutter Chon Chon - hellbraun | |
| Affenmutter Chon Chon - dunkelbraun | |
| Äffchen Kiki sitzend - hellbraun | |
| Äffchen Kiki sitzend - dunkelbraun | |
| Äffchen Kiki - hellbraun | |
| Äffchen Kiki - dunkelbraun | |
| | |
| | |
| | |
| | |
| | |
| | |
| | |
| | |
| | |
| | |
| Beipackzettel | |

## 1985 – Der kleine Kobold Pumuckl

| |
|---|
| Liegender |
| Handwerker – blauer Hammer |
| Handwerker – brauner Hammer |
| Regenkobold – ohne Zahl oder Zahl 0-8 |
| Besserwisser |
| Lustiger Musikant – helle Geige |
| Lustiger Musikant – dunkle Geige |
| Tollpatsch – blauer Topf |
| Tollpatsch – dunkelblauer Topf |
| Unschuldiger |
| Nimmersatt – hellbrauner Löffel |
| Nimmersatt – dunkelbrauner Löffel |
| Feinschmecker |
| Blumenfreund |
| |
| |
| |
| |
| |
| |
| |
| |
| |
| Beipackzettel |

## 1985 - Dschungelbuch

| | |
|---|---|
| Kaa | |
| Kaa – transparentes Grundmaterial | |
| Kaa – kurzer Hals | |
| Shir Khan | |
| Baghira liegend – grüne Augen | |
| Baghira liegend – orangene Augen | |
| Baghira stehend – grüne Augen | |
| Baghira stehend – orangene Augen | |
| Mogli mit Bananenstaude | |
| Mogli mit Banane | |
| Diener | |
| Diener – vorstehender Gussfortsatz am Fuß | |
| Geier | |
| King Louis | |
| King Louis – Zähne bemalt | |
| Balu | |
| Balu – heller Bauch | |
| General Hati | |
| Kleiner Elefant | |
| | |
| | |
| | |
| | |
| | |
| Beipackzettel | |

## 1986 – Happy Frogs

| |  |
|---|---|
| Big Boss | |
| Frechdachs | |
| Frechdachs mit „K" | |
| Träumer | |
| Träumer mit „K" | |
| Pfiffikus | |
| Glückspilz | |
| Glückspilz mit „K" | |
| Faulenzer | |
| Faulenzer mit „K" | |
| Schlauberger | |
| Schlauberger mit „K" | |
| Witzbold | |
| Witzbold mit „K" | |
| | |
| | |
| | |
| | |
| | |
| | |
| | |
| | |
| Beipackzettel 8 Figuren | |
| Beipackzettel 6 Figuren | |

**1986 – Die Biene Maja**

| | |
|---|---|
| Kuno | |
| Kurt | |
| Maja - Hand am Kinn | |
| Maja - Hände auf dem Rücken | |
| Paul Emsig – Helm gelb | |
| Paul Emsig – Helm grün | |
| Oberst Emsig – Helm gelb | |
| Oberst Emsig – Helm grün | |
| Willi – Hand am Kinn – hellbraune Haube | |
| Willi – Hand am Kinn – dunkelbraune Haube | |
| Willi – Hände am Rücken – hellbraune Haube | |
| Willi – Hände am Rücken – dunkelbraune Haube | |
| Charly – blaues Halstuch und Mütze | |
| Charly – rotes Halstuch und Mütze | |
| Karlchen | |
| Flip sitzend – Hut hellbraun | |
| Flip sitzend – Hut dunkelbraun | |
| Flip liegend – Hut hellbraun | |
| Flip liegend – Hut dunkelbraun | |
| | |
| | |
| | |
| | |
| Beipackzettel | |

## 1987 – Die Tapsi Törtels

| | |
|---|---|
| Vater Toni Törtel | |
| Tango Törtel | |
| Tina Törtel | |
| Trixi Törtel | |
| Tolli Törtel | |
| Trotzi Törtel | |
| Mutter Tilli Törtel | |
| Tini Törtel | |
| | |
| | |
| | |
| | |
| | |
| | |
| | |
| | |
| | |
| | |
| | |
| | |
| | |
| | |
| Beipackzettel | |

## 1987 – Donalds flotte Familie

| | |
|---|---|
| Oma Duck mit Napfkuchen | |
| Oma Duck mit Schichttorte | |
| Dagobert | |
| Tick liegend | |
| Trick mit Körbchen – dicker Finger | |
| Trick mit Körbchen – dünner Finger | |
| Track mit Eis | |
| Daniel Düsentrieb | |
| Daniel Düsentrieb – helle Augen (Maxi-Ei) | |
| Donald mit Akkordeon – blaue Mütze | |
| Donald mit Akkordeon – schwarze Mütze | |
| Donald mit Akkordeon – blaue Jacke (Maxi-Ei) | |
| Donald tanzt | |
| Donald tanzt - (Maxi-Ei) | |
| Daisy | |
| | |
| | |
| | |
| | |
| | |
| | |
| | |
| | |
| Beipackzettel | |

## 1988 – Die Fussballschlümpfe

| |
|---|
| Torwartschlumpf - gelb |
| Torwartschlumpf - orange |
| Abwehrschlumpf |
| Verteidigerschlumpf |
| Verwarnter Schlumpf |
| Liberoschlumpf |
| Mittelfeldschlumpf |
| Jubelschlumpf |
| Fallrückzieherschlumpf |
| Mittelstürmerschlumpf |
| Spielführerschlumpf |
| Linksaussenschlumpf – roter Mund |
| Linksaussenschlumpf – schwarzer Mund |
| Schiedsrichterschlumpf |
| |
| |
| |
| |
| |
| |
| |
| |
| Beipackzettel |
| |
| Es gibt alle Figuren in drei verschiedenen Blautönen |

## 1988 – Die Happy Hippos

| | |
|---|---|
| Schlecker Schorschi | |
| Schlecker Schorschi - hellblau | |
| Babsy Baby | |
| Beachboy mit Kappe | |
| Happy Hippo mit Sonnenhut | |
| Wasser Walli | |
| Wasser Walli - hellblau | |
| Wasser Walli – graue Augen | |
| Bade Beppo | |
| Susi Sonnenschein | |
| Susi Sonnenschein - hellblau | |
| Hippi Hippo | |
| Hippi Hippo - hellblau | |
| Planscher Pauli | |
| Planscher Pauli - hellblau | |
| Taucher Toni – Brille und Flossen | |
| Taucher Toni – Brille und Flossen – hellblau | |
| | |
| | |
| | |
| | |
| | |
| Beipackzettel | |
| | |
| Es gibt alle Figuren in drei verschiedenen Blautönen | |

## 1988 – Die Blumentopfzwerge

| |
|---|
| Blumenwächter |
| Blumenwächter – Laternenlicht orange |
| Blütenzähler |
| Blütenstaubfeger |
| Blumendoktor |
| Wurzelpfleger |
| Blattlausklopfer |
| Wassermeister |
| Kaktusfrisör |
| |
| |
| |
| |
| |
| |
| |
| |
| |
| |
| |
| Beipackzettel |
| |
| Jede Figur gibt es in hellem oder dunklerem Grundmaterial |

## 1989 - Aristocats

| | |
|---|---|
| Peppo | |
| Peppo – dunkelbraun | |
| Peppo – dunkelbraun, gelb übermalter Bauch (Diorama) | |
| Swingy | |
| Marie | |
| Billy Bass | |
| Berlioz | |
| Hit Cat | |
| Hit Cat – dunkle Gitarre | |
| Toulouse | |
| Tom O´Malley | |
| Duchesse | |
| | |
| | |
| | |
| | |
| | |
| | |
| | |
| | |
| | |
| Beipackzettel | |

## 1989 – Micky und seine tollen Freunde

| | |
|---|---|
| Kater Karlo | |
| Minnie | |
| Micky mit Hosenträger | |
| Micky mit Sonnenbrille | |
| Mack – Radio ohne Antenne | |
| Mack – Radio mit langer Antenne | |
| Muck | |
| Goofy – Zahl in der Kappe 1 - 8 | |
| Pluto | |
| Panzerknacker mit Lampe | |
| Panzerknacker mit Schlüssel | |
| Kommissar Hunter | |
| | |
| | |
| | |
| | |
| | |
| | |
| | |
| Beipackzettel | |
| | |
| Es gibt alle Figuren mit heller oder dunkler Hautfarbe | |

# 1989 – Die neuen Blumentopfzwerge

| | |
|---|---|
| Rasenfrisör | |
| Schnippelhansi | |
| Pausen Pauli | |
| Schatzsucher | |
| Pflanzzwerg | |
| Schirmling | |
| Kaktusprofi – dünner Finger | |
| Kaktusprofi – dicker Finger | |
| Blumenkavalier | |
| | |
| | |
| | |
| | |
| | |
| | |
| | |
| | |
| | |
| | |
| | |
| Beipackzettel | |

## 1990 – Die Dribble Boys

| |  |
|---|---|
| Toni Tornado | |
| Toni Tornade – unbemalte Fußsohlen (Diorama) | |
| Rhino Raubein | |
| Rhino Raubein – Hose mit aufgemalten Streifen (Diorama) | |
| Dribble Drago – hellgrün – große Augen | |
| Dribble Drago – dunkelgrün – kleine Augen | |
| Dribble Drago  - Fußsohlen mit Stollen | |
| Leo Libero – Mund braun | |
| Leo Libero – Mund weiß – gelbes Shirt | |
| Leo Libero – Mund weiß – orangenes Shirt | |
| Power Porky | |
| Power Porky – Ohren weiß bemalt | |
| Power Porky – Ohren weiß bemalt – dunkle Fußsohlen | |
| Flanken Ferdy | |
| Flanken Ferdy – Hose mit aufgemalten Streifen (Diorama) | |
| Tricky Tom | |
| Tricky Tom – dunkle Mähne – Ohren weiß bemalt | |
| Tricky Tom – dunkle Mähne – ein Hosenstreifen fehlt (Diorama) | |
| Brumbär | |
| Brumbär – dunkelbraun, unbemalte Streifen - (Diorama) | |
| Beutel Berti | |
| Beutel Berti – Schnauze grau – Ohren weiß bemalt | |
| Paraden Pauli – dunkle Haut | |
| Paraden Pauli – helle Haut. | |
| | |
| Beipackzettel | |

## 1990 – Happy Hippos im Fitnessfieber

- Brummer Beppo – Hemd gelb
- Brummer Beppo – Hemd orange
- Brummer Beppo – brauner Gürtel
- Träumer Tommy – Hemd gelb
- Träumer Tommy – Hemd orange
- Träumer Tommy – Hantel pink
- Power Pit – Hemd gelb
- Power Pit – Hemd orange
- Sauna Sepp – Flasche milchig
- Sauna Sepp – Flasche glasig
- Happy Hippo mit Waage – gezackter Aufkleber
- Happy Hippo mit Waage – glatter Aufkleber
- Purzel Peter – Hemd gelb
- Purzel Peter – Hemd orange
- Pudding Paul – Hemd gelb
- Pudding Paul – Hemd orange
- Babsy Baby
- Susi Sonnenschein
- Hippi Hippo mit Brille – Handtuch gelb
- Hippi Hippo mit Brille – Handtuch orange
- Beipackzettel

## 1990 - Die ganz neuen Blumentopfzwerge

| | |
|---|---|
| Nachtwächter | |
| Spediteur – Zipfel lang | |
| Spediteur – Zipfel kurz | |
| Der Boss | |
| Popomatz | |
| Wanderwastl | |
| Der Wünschelrutengänger | |
| Zwerg Liebtsiemich – braune Schuhe - matt | |
| Zwerg Liebtsiemich – braune Schuhe – glänzend | |
| Zwerg Liebtsiemich – schwarze Schuhe | |
| Schluckspecht | |
| | |
| | |
| | |
| | |
| | |
| | |
| | |
| | |
| | |
| | |
| | |
| | |
| Beipackzettel | |

## 1991 - Teeny Tapsi Törtels

| | |
|---|---|
| Kolumbus | |
| Kolumbus - hellgrün | |
| Mampfi | |
| Batida – hellbraune Kokosnuss | |
| Batida – dunkelbraune Kokosnuss | |
| Amadeus | |
| Tölpi | |
| Sir Winston | |
| Sir Winston - hellgrün | |
| Calypso | |
| Flora | |
| Flora – gelber Stiel (Diorama) | |
| Robinson | |
| Marino mit Sprungbrett und Ei (K Nummer 1-12 im Innern) | |
| | |
| | |
| | |
| | |
| | |
| | |
| | |
| | |
| | |
| Beipackzettel | |

## 1991 – Die Badezimmerzwerge

| | |
|---|---|
| Morgenmuffel | |
| Morgenmuffel – Spiegel auf Eihälfte | |
| Schönling | |
| Weißzahn | |
| Gurgel Gustav | |
| Guten Morgen Zwerg | |
| Pfundskerl | |
| Figaro | |
| Figaro – Spiegel auf Eihälfte | |
| Klettermaxe | |
| Klettermaxe – Hose hellgrau | |
| Strahlemann | |
| Saubermann | |
| | |
| | |
| | |
| | |
| | |
| | |
| | |
| | |
| Beipackzettel – kleines L | |
| Beipackzettel – großes L | |

## 1991 - Die Krokoschule

| |  |
|---|---|
| Direktor Prof. Konrad Gnädig | |
| Tommy Tadel | |
| Benjamin Tagtraum | |
| Stefan Stulle | |
| Dr. Karl Knallgas | |
| Frl. Adele Bruchstrich | |
| Rudi Riesenfelge | |
| Lisa Liebreiz | |
| Tina Tonleiter | |
| Peter Primus | |
| Peter Primus – offene Augen | |
| | |
| | |
| | |
| | |
| | |
| | |
| | |
| | |
| | |
| | |
| Beipackzettel – Ecke gerollt | |
| Beipackzettel – Ecke ungerollt | |

## 1992 – Die Peppy Pingos

| |　|
|---|---|
| Charly Schnappschuss | |
| Charly Schnappschuss – Tasche dunkelviolett (Diorama) | |
| Eddy Eigentor | |
| Eddy Eigentor – Hose dunkelviolett (Diorama) | |
| Pinguita | |
| Pinguita – Schal dunkelviolett (Diorama) | |
| Tommy Tolpatsch | |
| Ralf Rotznase | |
| Ralf Rotznase – Schal dunkelviolett (Diorama) | |
| Ole Ohrwurm | |
| Ole Ohrwurm – CD-Aufkleber unbedruckt (Diorama) | |
| Kalle Kaltzunge | |
| Knut Kohldampf | |
| Knut Kohldampf – Brötchen ohne Punkte (Diorama) | |
| Willi Wagemut | |
| Willi Wagemut – Schal dunkelviolett (Diorama) | |
| Snowboard Siggi | |
| Snowboard Siggi – Schal dunkelviolett (Diorama) | |
| | |
| | |
| | |
| | |
| Beipackzettel | |
| Weiße Kapsel – raue Oberfläche | |
| Weiße Kapsel – glatte Oberfläche | |

## 1992 – Die Zunft der Zwerge

| |  |
|---|---|
| Bauer Landluft | |
| Frisör Silberlocke | |
| Wirt Tafelschmaus – Hähnchen dunkelbraun | |
| Wirt Tafelschmaus – Hähnchen hellbraun | |
| Maurer Ziegelstein | |
| Zimmermann Hobelspan | |
| Steinmetz Meißel | |
| Schmied Eisenbart | |
| Töpfer Toni | |
| Schneider Nadelflink | |
| Bäcker Zuckersüß | |
| | |
| | |
| | |
| | |
| | |
| | |
| | |
| | |
| | |
| Beipackzettel – kleine Schrift | |
| Beipackzettel – große Schrift | |

## 1992 – Die Happy Hippos auf dem Traumschiff

| | |
|---|---|
| Willi Wirbelwind | |
| Susi Sonnenschein | |
| Nico Neureich | |
| Freddy Flaute | |
| Freddy Flaute – Hemd- und Farbe Rettungsring vertauscht. | |
| Käpt´n Happy Hippo | |
| Träumer Tommy | |
| Träumer Tommy – Augenlieder bemalt | |
| Träumer Tommy – Liege grün | |
| Babsi Baby | |
| Sascha Sonnendeck | |
| Sascha Sonnendeck – Hose unbemalt (Diorama) | |
| Tele Toni | |
| Emil Eintopf | |
| | |
| | |
| | |
| | |
| | |
| | |
| Beipackzettel mit ZDF | |
| Beipackzettel ohne ZDF | |
| Zusammenbauanleitung – 1 Stück | |

## 1993 – Crazy Crocos

| | |
|---|---|
| Freddy Fettfleck | |
| Freddy Fettfleck – offene Augen | |
| Lisa Liebreiz | |
| Eddy Koketti | |
| Billy the Bit | |
| Benny Beule | |
| Conny Crazy | |
| Felix Fehlwurf | |
| Bobby Breakdance | |
| Micke Macho | |
| Gloria Glanzvoll | |
| | |
| | |
| | |
| | |
| | |
| | |
| | |
| | |
| | |
| | |
| | |
| Beipackzettel | |

## 1993 – Die Drolly Dinos

| | |
|---|---|
| Kokettino | |
| Kokettina | |
| Däumelino | |
| Trampelino | |
| Trampelino – Küken orange | |
| Melodino | |
| Tranquillino | |
| Juwelina | |
| Hecktino | |
| Bronto | |
| Elegandina | |
| Elegandina – Aufkleber dunkelblau | |
| | |
| | |
| | |
| | |
| | |
| | |
| | |
| | |
| | |
| | |
| Beipackzettel | |

## 1993 – Bill Body

| | |
|---|---|
| Mit Handycap – Hügel fest an der Figur | |
| Mit Handycap – Hügel lose (kein Stift) | |
| Als Konditionswunder - Schnecke fest an der Figur | |
| Als Konditionswunder – Schnecke lose (kein Stift) | |
| Beim Augenaufschlag | |
| Beim Body Bill-Ding | |
| Als Sessellibero – TV - grün | |
| Als Sessellibero – TV - braun | |
| Als Sessellibero – TV – grün mit Menschen | |
| Als Sessellibero – TV – braun mit Menschen | |
| sagt's mit Blumen | |
| Als Badewannenchamp | |
| Als Rasenkuschler | |
| Als Rasenkuschler – Trikot türkis | |
| Mit Plattfuß | |
| Mit Poker-Face | |
| Mit Poker-Face – Trikot hellviolett | |
| Mit Poker-Face – Trikot hellviolet – Fußsohlen unbemalt. | |
| Mit Poker-Face – Trikot dunkelviolet – Fußsohlen unbemalt. | |
| Mit Poker-Face – Rote Karte schwarz umrandet | |
| | |
| | |
| | |
| | |
| Beipackzettel | |

## 1994 – Die Peppy Pingo Party

| |
|---|
| Toni Trantüte |
| Toni Trantüte – Tisch unbedruckt (Diorama) |
| Theo von Trinkgeld |
| Sascha Süßholz |
| Marlies Möchtegern |
| Zacharias Zaster |
| Zacharias Zaster – Anzug hellrosa (Diorama) |
| Kevin Kostnix |
| Schäker Charly |
| Flora Flirt |
| Flora Flirt – Blüte dunkelviolett (Diorama) |
| Leo Leichtfuß |
| Leo Leichtfuß – Mütze dunkel, Zunge unbemalt (Diorama) |
| Ole Ohrwurm |
| Ole Ohrwurm – CD Label unbedruckt (Diorama) |
| |
| |
| |
| |
| |
| |
| |
| |
| Beipackzettel |

## 1994 – Die Happy Hippo Company

| |  |
|---|---|
| Willy Warmluft | |
| Träumer Tommy | |
| Träumer Tommy – 1. +3. Buch bedruckt | |
| Träumer Tommy – 2. + 4.. Buch bedruckt | |
| Träumer Tommy – 1., 2. und 4. Buch bedruckt. | |
| Träumer Tommy – Bücher unbedruckt | |
| Träumer Tommy – dunkle Hose | |
| Susi Sonnenschein | |
| Happy Hippo Boss | |
| Happy Hippo Boss – Schild mit Aufkleber | |
| Happy Hippo Boss – Schild „Happy Campany" | |
| Happy Hippo Boss – Bilanzkurve auf dem Kopf gedruckt | |
| Guido Geistesblitz | |
| Rudi Rohrbruch | |
| Klara Klatschmaul | |
| Klara Klatschmaul – Schürze unbedruckt | |
| Klara Klatschmaul – Schürze unbedruckt – zwei Augenbrauen | |
| Klara Klatschmaul – zwei Augenbrauen | |
| Pauli Pünktlich | |
| Babsy Baby | |
| Emil Erbsenzähler | |
| | |
| | |
| Beipackzettel | |

## 1994 – Mit den Blumentopfzwergen durch die Jahreszeiten

| | |
|---|---|
| Ludwig Landluft | |
| Friedel Frühjahrsputz | |
| Flori Flower | |
| Schlemmer Schorschi – Gürtel grün | |
| Schlemmer Schorschi – Gürtel dunkelgrün | |
| Schlemmer Schorschi – Gürtel rosa | |
| Max Mallorca | |
| Gustl Grillmeister – dicker Arm | |
| Gustl Grillmeister – dünner Arm | |
| Ferdi Fallobst | |
| Ferdi Fallobst – rote Äpfel | |
| Ferdi Fallobst – rote Äpfel – Fußsohlen unbemalt | |
| Herbert Herbstlaub | |
| Rudi Reblaus – Korb hellbraun | |
| Rudi Reblaus – Korb dunkelbraun | |
| Willy Waldmeister | |
| Freddy Frostbeule | |
| | |
| | |
| | |
| | |
| | |
| | |
| Beipackzettel | |

## 1995 – Die Dapsy Dinos

| | |
|---|---|
| Bronto | |
| Ritchie Richtfest | |
| Paul Plan | |
| Winni Windschief | |
| Pauline Pflaster | |
| Trampelino | |
| Manni Mahlzeit – Felsen groß oder klein | |
| Emil Emsig | |
| Tranquillino | |
| Leo Leichtfuß | |
| | |
| | |
| | |
| | |
| | |
| | |
| | |
| | |
| | |
| | |
| Beipackzettel | |
| Zusammenbauanleitungen – 2 Stück. | |

## 1995– Funny Fanten im Cluburlaub

| | |
|---|---|
| Sammy Speed | |
| Danny Dauershower | |
| Pauli Power | |
| Conny Cocktail | |
| Nina Nachschlag | |
| Charlotte Charme | |
| Charlotte Charme – Schleife hellviolett | |
| Nadja Nahtlos | |
| Willi Wirbel | |
| Pit Paparazzo | |
| Arnold Angsthase | |
| Arnold Angsthase – Teppich orange (Diorama) | |
| | |
| | |
| | |
| | |
| | |
| | |
| | |
| | |
| Beipackzettel | |
| Zusammenbauanleitungen – 2 Stück. | |

## 1995 – Die Top Ten Teddies

| |  |
|---|---|
| Leo Leuchte | |
| Schunkel Schorsch | |
| Dicke Backen Beppo | |
| Susi Seufzer | |
| Karl Kassenfüller – Krawatte hellrosa | |
| Karl Kassenfüller – Krawatte dunkelrosa | |
| Vroni Frohsinn | |
| Herbert von Edelweiss | |
| Pauken Pauli | |
| Bertie Beckenhauer | |
| Max Muntermacher | |
| | |
| | |
| | |
| | |
| | |
| | |
| | |
| | |
| Beipackzettel | |
| Zusammenbauanleitungen – 2 Stück. | |

## 1996 – Die Hanny Bunnys

| | |
|---|---|
| Charly Crash | |
| Hanny Bunny | |
| Toni Tollkühn | |
| Toni Tollkühn – Skier türkis (Diorama) | |
| Sunnyboy | |
| Sunnyboy – Liege hellrot (Diorama) | |
| Rita Ratlos | |
| Rita Ratlos – Skier violett (Diorama) | |
| Fritz Fiasko | |
| Hubert Heartbreaker | |
| Hubert Heartbreaker – Skier violett (Diorama) | |
| Timmy Trendy | |
| Anna Apre´s Ski | |
| Anna Apre´s Ski – Handschuhe dunkelviolett (Diorama) | |
| Hajo Happy Hour | |
| Hajo Happy Hour – Schuhe dunkelviolett (Diorama) | |
| | |
| | |
| | |
| | |
| Beipackzettel | |
| Zusammenbauanleitung - 1 Stück. | |

## 1996 – Die Bingo Birds

| |  |
|---|---|
| Anja Augenaufschlag | |
| Willy Wichtig – grünes Geld | |
| Willy Wichtig – rotes Geld | |
| Rudi Ratlos | |
| Karla Kaffeeklatsch | |
| Fritz Vorsitz | |
| Fritz Vorsitz – Pokal glänzend | |
| Conny Coach | |
| Peter Kneter | |
| Tina Topspin | |
| Tina Topspin - Schläger mit dünner Griff | |
| Schorschi Schlichter | |
| Mecker Joe | |
| Mecker Joe – Aufdruck auf Platte verkehrt herum | |
| | |
| | |
| | |
| | |
| | |
| | |
| Beipackzettel | |
| Zusammenbauanleitungen - 2 Stück. | |

## 1996 – Die Top Ten Teddies in Volksfeststimmung

| | |
|---|---|
| Sause Sepp | |
| Hubert Herzbube | |
| Vroni Frohsinn | |
| Gustl Glückspilz | |
| Max Macht´s Möglich | |
| Fanny Pfundig | |
| Emil Eiermann | |
| Alois Abräumer | |
| Bruno Brotzeit | |
| Paul Puppenspieler | |
| Heidi Herzilein – Herz groß | |
| Heidi Herzilein – Herz klein | |
| Mucki Maxi | |
| | |
| | |
| | |
| | |
| | |
| | |
| | |
| Beipackzettel | |
| Zusammenbauanleitungen – 5 Stück | |

## 1997 – Die Dapsy Dino Family

| | |
|---|---|
| Gitti Gernegroß | |
| Gitti Gernegroß – gelber Spiegel (Diorama) | |
| Holly Herz Schmerz | |
| Holly Herz Schmerz – Boden unbemalt (Diorama) | |
| Mama Fanny Fitness | |
| Mama Fanny Fitness – Hometrainer hellgelb (Diorama) | |
| Conny Comic | |
| Conny Comic – Boden unbemalt (Diorama) | |
| Dribbelino | |
| Dribbelino – Boden unbemalt (Diorama) | |
| Daddy Dino | |
| Daddy Dino – Hut dunkelgelb, Boden unbemalt (Diorama | |
| Pit Paradiesvogel | |
| Pit Paradiesvogel – Boden unbemalt (Diorama) | |
| Oma Wilma Wollig | |
| Oma Wilma Wollig – Wimpern bemalt, Boden unbemalt (Dio) | |
| Schnulli Schnuller | |
| Schnulli Schnuller – Latz rosa – Keine Kennung!!!! (Diorama) | |
| Opa Ohnesorge | |
| Opa Ohnesorge – Schaukelstuhl hellgelb (Diorama) | |
| | |
| | |
| Beipackzettel | |
| Zusammenbauanleitungen – 3 Stück | |
| Comicbüchlein | |

## 1997 – Die Happy Hippo Hollywoodstars

| | |
|---|---|
| Rudi Rampenlicht | |
| Marylinchen | |
| Humphrey Heartbreaker | |
| Humphrey Heartbreaker – weißer Mantel (Testversion) | |
| Diddi Durchblick | |
| Diddi Durchblick – weiße Kappe (Testversion) | |
| Happy Hero | |
| Charly Charming | |
| Kalle Klappnicht | |
| Kalle Klappnicht – weißes Shirt (Testversion) | |
| Träumer Tommy | |
| Hubert Hochstabler | |
| Arnie Action | |
| | |
| | |
| | |
| | |
| | |
| | |
| | |
| | |
| Beipackzettel | |
| Zusammenbauanleitung | |
| Comicbüchlein | |

## 1997 – Aqualand

| | |
|---|---|
| Pferdinand mit Sternchen | |
| Prof. Dr. Sehstern | |
| Calamaro | |
| Schwämmchen | |
| Anne-Mone | |
| Schneider Stupf | |
| Miesmuffel | |
| Corallo | |
| Corallo – große Augen | |
| Prima Quallerina | |
| Schnipp-Schnapp | |
| | |
| | |
| | |
| | |
| | |
| Beipackzettel | |
| Zusammenbauanleitungen - 1 Stück | |
| Comicbüchlein | |

## 1998 – Miezi Cats

| | |
|---|---|
| Geometrico | |
| Miezelangelo | |
| Carlo Calzone | |
| Orakelus | |
| Tut Sich Chef Nenn | |
| Tut Echt Nix, Tut Echt Was | |
| Cleopatra | |
| Miezi und Mausi | |
| Phalsch Pherbunden | |
| Babsittra | |
| | |
| | |
| | |
| | |
| | |
| | |
| | |
| Beipackzettel | |
| Bei Farbvarianten der Miezicats handelt es sich in der Regel um ausländische Figuren. | |

## 1998 – Funny Fanten Stars in der Manege

| | |
|---|---|
| Grazia Graziella | |
| Der große Fantini | |
| Toni Tröte | |
| Toni Tröte – Aufkleber auf der Pauke gelb | |
| Rudi Reißer | |
| Arnold Angsthase | |
| Arnold Angsthase – Aufkleber lila | |
| Rosi Prognosi | |
| Rosi Prognosi – Luftblase in der Kugel | |
| Zacharias Zitterfrei | |
| Zacharias Zitterfrei – weiße Ringe, Kegel vertauscht. | |
| Rudolfo Rüsselini | |
| Fridolin Fröhlich | |
| Pauli Popcorn | |
| | |
| | |
| | |
| | |
| | |
| | |
| | |
| Beipackzettel | |
| Zusammenbauanleitungen – 5 Stück | |
| Alle Figuren aus dem Diorama haben unbemalte Fußsohlen | |

## 1998 – Fancy Fuxies

| | |
|---|---|
| Toni Tiefschlaf | |
| Harry Handicap | |
| Danny Durchbruch | |
| Ulli Unschuld | |
| Nik Neugier | |
| Fred Findig | |
| Benny Bohrer | |
| Fritz Furchtlos | |
| Richter Rechtso | |
| August Ausrede | |
| | |
| | |
| | |
| | |
| | |
| Beipackzettel | |

## 1998 – Im Tal der Trapper und Indianer

| | |
|---|---|
| Tanzender Bison | |
| Stampfender Mokassin | |
| Totem | |
| Sprechendes Fell | |
| Sprechendes Fell – Trommelfell ockerfarben | |
| Aufgehende Sonne | |
| Aufgehende Sonne mit kleinem Kopf | |
| Donald o´Dollar - Kleidung schwarz glänzend | |
| Donald o´Dollar – Kleidung schwarz matt | |
| Häuptling Weißer Adler | |
| Flatternder Pfeil – roter Armreif | |
| Flatternder Pfeil – blauer Armreif | |
| Lächelnder Wind | |
| Lächelnder Wind – mit geschlossenem Unterboden | |
| Sanfte Wolke | |
| Flinkes Paddel | |
| Digger McNugget | |
| Digger McNugget – weiße Pfeife | |
| Trapper Scharfes Auge | |
| Trapper Scharfes Auge  - dünnes Fernrohr | |
| | |
| | |
| | |
| 13 verschiedene Beipackzettel | |
| Zusammenbauanleitungen – 4 Stk | |

## 1999 – Die Top Ten Teddies im Traumurlaub

| |  |
|---|---|
| Paula Panne | |
| Ulli Untergang | |
| Xaver Zuerstda | |
| Max Mallorca | |
| Schnitzel Schorsch | |
| Schnitzel Schorsch – Teller unten mit Loch | |
| Trixi Itragnix | |
| Toni Itragsdir | |
| Berti Burgenbauer | |
| Sepp Speckweg | |
| Manni Mondschein | |
| | |
| | |
| | |
| | |
| | |
| Beipackzettel | |
| Zusammenbauanleitungen – 3 Stück | |
| Aufkleber auf Folie – 1 Stück | |

## 1999 – Die Küchenzwerge

| | |
|---|---|
| Sigi Schneck-Schreck | |
| Diddi Dotter | |
| Tommy Tränchen | |
| Hansi Hoppla | |
| Karl Kleckerschlecker | |
| Manni Mannehme | |
| Ferdi Feinschmeck | |
| Pizza Paule | |
| Nobbi Nudelholz | |
| Andi Abwasch | |
| | |
| | |
| | |
| | |
| | |
| | |
| Beipackzettel | |
| Beipackzettel Adventskalender – 3 Stück | |

## 1999 – Happy Hippo Hochzeit

| |  |
|---|---|
| Service Sepp | |
| Moritz Stibitz | |
| Jäzzy Jäzz | |
| Ronny Rhythmus | |
| Dino-Linchen | |
| Papa Papperlapap | |
| Papa Papperlapap – Überschrift Manuskript schwarz | |
| Susi Sonnenschein | |
| Happy Hippo | |
| Uli Unscharf | |
| Gustav Glücklos | |
| Prof. Dr. Konrad Gnädig | |
| Adele Gnädig-Bruchstrich | |
| Paulus Predicus | |
| Wilma Weinumskind | |
| | |
| | |
| | |
| | |
| | |
| | |
| Beipackzettel | |
| Zusammenbauanleitungen – 3 Stück | |
| Comicbüchlein | |

## 2000 – Happy 2000

| | |
|---|---|
| Tina Trötella | |
| Peter Prosit | |
| Music Box | |
| Milli Millennium | |
| | |
| | |
| | |
| Beipackzettel | |
| Sonderverpackung | |

## 2000 – Asterix und die Römer

| | |
|---|---|
| Idefix und die Träger | |
| Falbala | |
| Obelix | |
| Verleihnix | |
| Majestix | |
| Miraculix | |
| Asterix | |
| Legionär Claudius Lapsus | |
| Zenturio Numerus Clausus | |
| Legionär Marcus Konfus | |
| | |
| | |
| Beipackzettel | |
| Zusammenbauanleitungen – 3 Stück | |
| Figuren aus dem Diorama haben einen unbemalten Boden | |

## 2000 - -Pinky Piggys

| | |
|---|---|
| Lara Laufsteg | |
| Flori Flirt | |
| Gary Gameshow | |
| Sammy Sattelfest | |
| Lola Luftikus | |
| Lola Luftikus – mit Luftblase im Herz | |
| Manni Money | |
| Hansi Halogenius | |
| Matze Meisterstück | |
| Felix Volltreffer | |
| Larry Lachsack | |
| | |
| | |
| | |
| | |
| | |
| | |
| Beipackzettel | |
| Zusammenbauanleitungen – 1 Stück. | |

## 2001 – Mega Mäuse

| | |
|---|---|
| Harry Highscore | |
| Sammy Standby | |
| Vicky Virus | |
| Charlotte Chat | |
| Alex Absturz | |
| Emma Email | |
| Sascha Surfer | |
| Peter Printer | |
| Willy Windows | |
| Bobby Broker | |
| | |
| | |
| | |
| | |
| | |
| | |
| Beipackzettel | |
| Zusammenbauanleitungen – 2 Stück | |

## 2001 – Super Spacys

| |  |
|---|---|
| Tracy Technomix | |
| Tracy Technomix – Figur grünmetalic | |
| Tracy Technomix – Sprühpistole stark silber bemalt (Ufo) | |
| Lucky Lockvogel | |
| Kain Kopyreit | |
| Pasta Pulli | |
| Turboturtle + Benny Beamer | |
| Turboturtle + Benny Beamer mit langer Antenne | |
| Gina Galaxina | |
| Ike Icehockey | |
| Ike Icehockey – Figur grünmetalic | |
| Ike Icehockey – hellgrüne Bodenplatte (Ufo) | |
| Mike Mission | |
| Mike Mission – hellgrüne Bodenplatte (Ufo) | |
| Cosma Color | |
| Kris Klolumbus | |
| Kris Klolumbus – Herzen zeigen nach rechts | |
| | |
| | |
| | |
| | |
| | |
| Beipackzettel | |
| Beipackzettel mit www.superspacys.de | |
| Zusammenbauanleitungen – 4 Stück | |

## 2001 – Auf dem Basar – Land und Leute

| |  |
|---|---|
| Der Teppichhändler | |
| Der Wahrsager | |
| Der Teeverkäufer | |
| Die Bäuerin | |
| Der Schäfer | |
| | |
| | |
| | |
| | |
| Beipackzettel - 5 verschiedene | |

## 2001 – Verspielte Hauskatzen

| | |
|---|---|
| Lilly, die Verspielte | |
| Tammy, die Geschickte | |
| Die putzige Fanny | |
| Der übermütige Percy | |
| Der freche Davy | |
| Soraja, die Siamkatze | |
| | |
| | |
| | |
| | |
| Beipackzettel – 6 verschiedene Nummern | |

## 2001 – Der Herr der Ringe – Die Gefährten

| | |
|---|---|
| Galadriel | |
| Galadriel – Laub am Stein hellgrün | |
| Legolas | |
| Gandalf | |
| Gandalf – heller Zauberstab | |
| Boromir | |
| Gimli | |
| Aragon | |
| Arwen | |
| Arwen – Boden unbemalt aus Adventskalender | |
| Frodo | |
| Sam | |
| Sam – hellbraune Haare | |
| Merry und Pippin | |
| | |
| | |
| | |
| | |
| | |
| | |
| Beipackzettel – 10 verschiedene | |
| Beipackzettel – Adventskalender – 1 Stück schmal | |
| Zusammenbauanleitungen – 7 Stück | |
| Comicbüchlein | |

## 2002 – Coole Abhänger

| | |
|---|---|
| Winny – Blau | |
| Winny - Grün | |
| Wilbur – Grün | |
| Wilbur - Blau | |
| Freddy – Orange | |
| Freddy - Rosa | |
| Bobby – Lila | |
| Bobby - Rot | |
| | |
| | |
| | |
| | |
| | |
| | |
| Beipackzettel - 8 verschiedene | |

## 2002 – Die verrückte Schreibtischbande

| |  |
|---|---|
| Hipclip und Hopclip | |
| Hipclip und Hopclip – andere Farben | |
| Kuno Klebzahn | |
| Mr. Marker – gelb | |
| Mr. Marker – rot | |
| Mr. Marker – grün | |
| Mr. Marker – blau | |
| Jack Mc. Tack – lila | |
| Jack Mc. Tack – dunkelblau | |
| Zirkelzacko | |
| Familie Buntig | |
| Graf Kalli | |
| Ratz E. Fummel | |
| Prof. Error | |
| | |
| | |
| | |
| | |
| | |
| | |
| | |
| | |
| Beipackzettel – 9 verschiedene | |

## 2002 – Ist die Katze aus dem Haus

| | |
|---|---|
| Sammys Sonnenstudio – Lampe pink | |
| Sammys Sonnenstudio – Lampe pink – Lasche beschriftet. | |
| Sammys Sonnenstudio – Lampen grün | |
| Die längste Maus der Welt | |
| Die längste Maus der Welt – Aufdruck Teppichmuster | |
| Hallo, hier bin ich | |
| Land in Sicht | |
| Das Sandmäuschen | |
| Nicht ganz hier, der Kaktusfakir | |
| Benno, die Spritzmaus | |
| | |
| | |
| | |
| | |
| | |
| | |
| | |
| | |
| Beipackzettel – lang – 7 Stück | |
| Beipackzettel – hochkant – 7 Stück | |
| Zusammenbauanleitungen – 1 Stück | |

## 2002 – Das Hipperium spielt verrückt

| |  |
|---|---|
| Obi-Wan Hippobi | |
| Dark Laser | |
| Dark Laser Black Edition | |
| Jang Jet | |
| Happy Han | |
| Prinzessin Hippeia | |
| Aubacca | |
| Hippoda | |
| Luke Eiwalker | |
| H-IPO | |
| Erzwo Hippo | |
| | |
| | |
| | |
| | |
| | |
| | |
| Beipackzettel – 10 verschiedene | |
| Beipackzettel – Black Edition | |
| Zusammenbauanleitungen – 4 Stück | |
| Comicbüchlein | |

## 2002 – Der Herr der Ringe – Die zwei Türme

| |  |
|---|---|
| Gandalf | |
| Theoden | |
| Schlangenzunge | |
| Eowyn | |
| Faramir | |
| Legolas | |
| Gandalf | |
| Gandalf mit Leuchtkugel - Sonderverpackung | |
| Ork | |
| Frodo | |
| Sam | |
| Baumbart – Sonderverpackung | |
| | |
| | |
| | |
| | |
| | |
| | |
| | |
| Beipackzettel – 10 verschiedene | |
| Beipackzettel – Adventskalender – 3 verschiedene | |
| Zusammenbauanleitungen – 5 Stück | |
| | |
| Sonderverpackung mit Baumbart und Gandalf | |

## 2002 – Kleine Giganten

| | |
|---|---|
| Megalosaurus | |
| Triceratops | |
| Pteranodon | |
| Brachiosaurus | |
| Dimetrodon | |
| Baryonyx | |
| Beipackzettel – 6 verschiedene | |

## 2003 - Cybertop

| | |
|---|---|
| Cattivira | |
| Cattivira – hellroter Umhang | |
| Corsarius | |
| Pistolerius | |
| Banditus | |
| Cybertop | |
| Caberluna | |
| Valvo-San | |
| Mt. Mouse | |
| Miss Zoom | |
| Chipspeed | |
| Joey Stick | |
| Dr. Link | |
| | |
| | |
| | |
| Beipackzettel | |

## 2003 – Die Ötzis kommen

| |  |
|---|---|
| Cheffe | |
| Lukki | |
| Riff Raff | |
| Missy | |
| Big Wam | |
| Mam & Blabla | |
| Atakka | |
| Halfpipe | |
| Lazybone | |
| Hacka | |
| | |
| | |
| | |
| Beipackzettel – 10 verschiedene | |
| Zusammenbauanleitungen – 1 Stück | |

## 2003 – Faszination fremde Länder - Asien

| |  |
|---|---|
| Kung Fu Mann | |
| Komoran Fischer | |
| Fahrende Garküche | |
| Rikschafahrer | |
| Maskenmaler | |
| Maskenmaler – goldener Fischmund | |
| Alte Fischverkäuferin | |
| | |
| Beipackzettel – 6 verschiedene | |

## 2003 – Der Herr der Ringe – Die Rückkehr des Königs

| | |
|---|---|
| Bilbo | |
| Elrond | |
| Aragorn | |
| Arwen | |
| Höhlentroll | |
| Eowyn | |
| Eomer | |
| Denethor | |
| Denethor – Unterseite unbemalt (Diorama) | |
| Gollum | |
| Gandalf auf Felsen – Sonderverpackung | |
| Schattenfell - Sonderverpackung | |
| | |
| | |
| | |
| | |
| | |
| | |
| Beipackzettel – 9 verschiedene | |
| Beipackzettel – Sonderverpackung 2 verschiedene | |
| Sonderverpackung | |

## 2003 – Neues von der verrückten Schreibtischbande

| |
|---|
| Miauklemm und Wauklemm – schwarz/pink |
| Miauklemm und Wauklemm – braun/lila |
| Stummel Stift – lila |
| Stummel Stift – blau |
| Rubberman – grün/violett |
| Rubberman – grün/weiß |
| Rubberman – gelb/rot |
| Rubberman – rot/weiss |
| Filzi Dog – gelbes Band |
| Filzi Dog – rosa Band |
| Filzi Dog – orangenes Band |
| Filzi Dog – grünes Band |
| Bella Bunti – rot |
| Bella Bunt – rosa |
| |
| |
| |
| |
| |
| |
| |
| |
| Beipackzettel – 14 verschiedene |

## 2004 – Die Motocoyoten

| |  |
|---|---|
| Grancoyote | |
| Janecoyote | |
| Susicoyote | |
| Dragocoyote | |
| Starcoyote | |
| Bullcoyote | |
| Speedcoyote | |
| Coolcoyote | |
| Black coyote | |
| Petrocoyote | |
| Petrocoyote – Zapfsäule hellrot | |
| | |
| | |
| | |
| | |
| | |
| | |
| Beipackzettel – 10 verschiedene | |

## 2004 – Mission Maulwurf

| | |
|---|---|
| Lady Charme | |
| Mike Mission | |
| Rudi Raser | |
| Jing Jang | |
| Didi Durchblick | |
| Billy Bohrer | |
| Acid Eddie | |
| Acid Eddie – Fußsohlen unbemalt – Diorama | |
| Conny Control – Zwerg mit Schubkarre | |
| Conny Control – Zwerg mit Spitzhacke | |
| Conny Control – Zwerg mit Schaufel | |
| Dr. Mole | |
| Dr. Mole – Zähne weiß | |
| Rick Radar | |
| | |
| | |
| | |
| | |
| | |
| Beipackzettel – 10 verschiedene | |

## 2004 – Das königliche Turnier – Funny Castle

| | |
|---|---|
| Burgfräulein Mathilde von Maienglock | |
| Friedhelm, Freiherr von Zahnstein | |
| Gustl, Kammerdiener des künftigen Königs | |
| Ritter Dietmar vom kühlen Blech | |
| Schildknappe Willi | |
| Schildknappe Willi – Gesicht und Hände bemalt | |
| Die schwertschwingende Amazonia | |
| Schilldknappe Eddi | |
| Ritter Rüdiger von Büchsenberg | |
| Zaubermeister Magnus | |
| Hexe Grimalda | |
| Hexe Grimalda – Gesicht unbemalt | |
| Schildknappe Annabella | |
| Schildknappe Hubertus | |
| Ritter Olaf, der Grimmige | |
| | |
| | |
| | |
| | |
| | |
| | |
| Beipackzettel – 13 verschiedene | |
| Sonderverpackung inkl. DVD | |

## 2004 – Der Polarexpress

| | |
|---|---|
| Qualmer der Zugführer | |
| Dampfi, der Heizer | |
| Der Vagabund und unser Junge | |
| Elfsänger | |
| Unser Mädchen – Tür blau | |
| Unser Mädchen – Tür lila (Ausland) | |
| Der Schaffner | |
| Der Elf und der Weihnachtsmann | |
| Einsamer Junge – Tür blau | |
| Einsamer Junge – Tür Lila (Ausland) | |
| | |
| | |
| | |
| | |
| | |
| | |
| | |
| Beipackzettel – 8 verschiedene | |
| Zusammenbauanleitung zu Elfsänger | |

## 2005 – Die Unglaublichen

| |  |
|---|---|
| Syndrom | |
| Syndrom – unbemalter, hellblauer Umhang | |
| Edna | |
| Violetta | |
| Mrs. Incredible | |
| Mr. Incredible | |
| Flash | |
| Jack-Jack | |
| Incredibile | |
| Velocipod | |
| Manta Jet | |
| Frozone | |
| | |
| | |
| | |
| | |
| | |
| | |
| Beipackzettel – 11 verschiedene | |

## 2005 – Spongebob Schwammkopf

| | |
|---|---|
| Mr. Krabs | |
| Thaddäus | |
| Patrick | |
| Gary | |
| Plankton | |
| Spongebob | |
| Sandy – Kopf starr | |
| Sandy – Kopf drehbar | |
| | |
| | |
| | |
| | |
| | |
| | |
| | |
| | |
| Beipackzettel – 7 verschiedene | |

## 2005 – Astro Generation

| | |
|---|---|
| Löwe | |
| Widder | |
| Schütze | |
| Stier | |
| Steinbock | |
| Jungfrau | |
| Zwilling | |
| Wassermann | |
| Waage | |
| Skorpion | |
| Skorpion – hellblaue Schnur | |
| Fische | |
| Fische – hellblaue Schnur | |
| Krebs | |
| Krebs – hellblaue Schnur | |
| | |
| | |
| | |
| | |
| Beipackzettel – 12 verschiedene | |

## 2005 – Monster Hotel

| |  |
|---|---|
| Beisser | |
| Mumie | |
| Dragox | |
| Funnystein | |
| Dracool | |
| Doubleface | |
| Ye-Yeti | |
| Quasimo | |
| Wolfy | |
| | |
| | |
| | |
| | |
| | |
| | |
| | |
| Beipackzettel – 9 verschiedene | |

## 2006 – Magic Sport

| | |
|---|---|
| Hirr Gehtnixrein | |
| Akhahn Ballinstor | |
| Ferdy Flankützü | |
| Schimbo | |
| Gnu Gnadenlos | |
| Tigga Knipsa | |
| Mario Mucca | |
| Mario Mucca – dunkelblau | |
| Bruno Bolzino | |
| Bruno Bolzino – dunkelblau | |
| Claudio Capresi | |
| Claudio Capresi - dunkelblau | |
| Goalrilla | |
| Eckhard Pfostenfuchs | |
| Leo Fellrückzieher | |
| Elefantino | |
| Zee Rhino | |
| Zele Zebrinos | |
| | |
| | |
| | |
| | |
| Beipackzettel – 15 verschiedene | |

## 2006 – Ice Age 2

| | |
|---|---|
| Maelstrom | |
| Manny Mammut | |
| Crasch & Eddie | |
| Scrat | |
| Scrat – mit Kennung © 006 FOX | |
| Sid | |
| Ellie | |
| Diego | |
| Cretaceous | |
| | |
| | |
| | |
| | |
| | |
| Beipackzettel | |
| Zusammenbauanleitungen – 4 Stück | |

## 2006 – Mission Maulwurf

| |  |
|---|---|
| Sunny Valentine | |
| Mike Mission | |
| Mike Mission – Handtuch verkehrt herum bedruckt | |
| Pete Paparazzo – Zeitung BILD | |
| Pete Paparazzo – Zeitung Pool Party | |
| Pete Paparazzo – Zeitung Handtuch Zoff | |
| Pete Paparazzo – Zeitung Kinder News | |
| Conny Control | |
| Rudi Raser | |
| Dr. Mole | |
| Tim Ticker | |
| Bob Bereit | |
| Rick Radar | |
| Weißer Kai | |
| Johnny Jetski – Sonderfigur aus dem 6er Pack | |
| Ronnie Riesenei – Sonderfigur zum Ü-Ei Tag 2016 | |
| | |
| | |
| | |
| | |
| Magic Codes – 11 verschiedene | |
| Beipackzettel – 11 verschiedene | |
| Beipackzettel – Ronnie Riesenei | |

## 2006 – WinX Club

| |  |
|---|---|
| Tecna | |
| Stella | |
| Musa | |
| Bloom | |
| Flora | |
| Layla | |
| | |
| | |
| | |
| Beipackzettel – 6 verschiedene | |

## 2006 – Baby Feuerwehr

| |  |
|---|---|
| Baby Ronron | |
| Baby Action | |
| Baby Boss | |
| Baby Spray | |
| Baby Wroom | |
| | |
| | |
| | |
| | |
| | |
| Beipackzettel – 5 verschiedene | |

## 2006 – 7 Zwerge

| | |
|---|---|
| Cookie | |
| Sunny | |
| Cloudy | |
| Tschakko | |
| Schneewittchen | |
| Bubi | |
| Rumpelstilzchen | |
| Königin | |
| Speedy | |
| Ralfi | |
| | |
| | |
| | |
| | |
| | |
| | |
| | |
| | |
| Beipackzettel – 10 verschiedene | |

## 2006 – Schim Banzai – Zoff im Affenstall

| | |
|---|---|
| Ent-Span-Nung | |
| Bruce Banana | |
| Banana Nina | |
| Bie Gung | |
| Kara-Theo | |
| Banana Kid | |
| Hau-Tsu | |
| Samu-Rainer | |
| King-Fu | |
| Maki-Attaki | |
| Su-Mo-Ri | |
| Banankreisel | |
| | |
| | |
| | |
| | |
| | |
| Beipackzettel – 12 verschiedene | |

## 2007 – Asterix und die Wikinger

| | |
|---|---|
| Frau von Maulaf | |
| Verlobte | |
| Maulaf | |
| Cryptograf | |
| Asterix | |
| Miraculix | |
| Grautvornix | |
| Brüllaf | |
| Olaf | |
| Obelix | |
| | |
| | |
| | |
| | |
| | |
| | |
| | |
| | |
| Beipackzettel – 10 verschiedene | |

## 2007 – Magische Schulstunde

| |  |
|---|---|
| Herr Teufi | |
| Meister Mago | |
| Fridibus, der gute Geist | |
| Frau Hexalotta | |
| Faki | |
| Trollo | |
| Simsa | |
| Kiko | |
| | |
| | |
| | |
| Beipackzettel – 8 verschiedene | |

## 2007 – Sporty Chicks

| |  |
|---|---|
| Cano | |
| Kicki | |
| Surfi | |
| Bungee-Chick | |
| Volley | |
| Rolli | |
| Loopy | |
| Chicko | |
| Wheely | |
| | |
| | |
| Beipackzettel – 9 verschiedene | |

## 2007 – Shrek der Dritte

| | |
|---|---|
| Käpt´n Hook | |
| Wolf | |
| Wolf – Loch im Boden an den Füssen vorne | |
| Pfefferkuchenmann | |
| Esel | |
| Shrek | |
| Prinz Charming | |
| Schweinchen | |
| Drache | |
| Gestiefelter Kater | |
| Fiona | |
| | |
| | |
| | |
| | |
| | |
| Beipackzettel – 9 verschiedene | |
| Zusammenbauanleitungen – 1 Stück | |

## 2007 – Die Strandnasen

| |  |
|---|---|
| Baron von Zwick | |
| Volker Vorsicht | |
| Volker Vorsicht – Ü-Ei-Tag 2007 | |
| Kalle Klappschirm | |
| Susi Summ | |
| Arnie Mateur | |
| Trude Tratsch | |
| Schläck und Wäck | |
| Ronni Rost | |
| Ronni Rost – Würstchen verfärben sich | |
| Ari Widertschi – Playa | |
| Ari Widertschi – Sonne | |
| Ari Widertschi – Weg | |
| Ari Widertschi – Praia (Portugal) | |
| Stefan van der Schnarch | |
| | |
| | |
| | |
| | |
| | |
| Beipackzettel – 10 verschiedene | |
| Beipackzettel – Volker Vorsicht Ü-Ei-Tag 2007 | |
| Beipackzettel – Ari Widertschi – Praia | |

## 2007 – Die Simpsons

| | |
|---|---|
| Mr. Burns | |
| Tingeltangel Bob | |
| Krusty | |
| Otto | |
| Bart | |
| Bart mit langem Hals | |
| Lisa | |
| Marge mit Maggie | |
| Marge mit Maggie – Gesicht Maggie orange | |
| Homer | |
| Nelson | |
| Milhouse | |
| | |
| | |
| | |
| | |
| | |
| Beipackzettel – 10 verschiedene | |

## 2008 – Die kunterbunten Kuschelhasen

| | |
|---|---|
| Hanna Handstand | |
| Fiora Fröhlich | |
| Uli Übermut | |
| Karla Kopfüber | |
| Sigi Schlitzohr | |
| Michi Mutig | |
| Lasse Lässig | |
| Wibke Wirbelwind | |
| | |
| | |
| Beipackzettel – 8 verschiedene | |

## 2008 – Skateboard Kids

| | |
|---|---|
| NV 001 | |
| NV 002 | |
| NV 003 | |
| NV 004 | |
| NV 005 | |
| NV 006 | |
| NV 007 | |
| NV 008 | |
| NV 009 | |
| NV 010 | |
| | |
| Beipackzettel – 10erschiedene | |

## 2008 – Magic Sport 2

| |  |
|---|---|
| Manny Decker | |
| Lars Nixrein | |
| Karsten Dicht | |
| Siggi Sicher | |
| Michi Mauerdicht | |
| Bärty Ballinstor | |
| Lupy Lupfer | |
| Karlo Karacho | |
| Linus Linksfuss | |
| Elmo Elchmeter | |
| Clement I 'Ean (nur in Frankreich erschienen) | |
| | |
| | |
| | |
| | |
| | |
| | |
| | |
| Beipackzettel – 10 verschiedene | |

## 2008 – Looney Tunes Active

| |  |
|---|---|
| Wile E. Coyote | |
| Lola Bunny | |
| Sylvester Fußballer – Rückennummer gelb | |
| Sylvester Fußballer – Rückennummer orange | |
| Tweety Torwart | |
| Daffy Duck – Surfbrett einteilig | |
| Daffy Duck – Surfbrett zweiteilig | |
| Taz | |
| Sylvester mit Surfboard – Surfbrett einteilig | |
| Sylvester mit Surfboard – Surfbrett zweiteilig | |
| Bugs Bunny | |
| Bugs Bunny – Augen schwarz umrandet | |
| Tweety Skateboard | |
| Yosemite Sam | |
| | |
| | |
| | |
| | |
| | |
| Beipackzettel – 10 verschiedene | |

## 2008 – Gute Schafe, Wilde Schafe

| |
|---|
| Sven Startklar |
| Sven Startklar – Füße des Hindernisses unbemalt - Diorama |
| Nils Nickerchen |
| Nils Nickerchen – Boden unbemalt - Diorama |
| Timmi Träumer |
| Timmi Träumer – Boden unbemalt - Diorama |
| Oma Wolle |
| Oma Wolle – Boden unbemalt - Diorama |
| Lisa von Lieblich |
| Lisa von Lieblich – Boden unbemalt - Diorama |
| PC Peace |
| Larissa Läster |
| Larissa Läster – unbemalte Haut |
| Ron Rebell |
| Kurt Knatter |
| |
| |
| |
| |
| |
| |
| |
| Beipackzettel – 9 verschiedene |

## 2008 – Die Schlümpfe total verschlumpft

| | |
|---|---|
| Toulousi | |
| Kochschlumpf | |
| Papa Schlumpf | |
| Jokey | |
| Handy | |
| Anglerschlumpf | |
| Fauli | |
| Schlaubi | |
| Schlumpfine | |
| Geburtstagsschlumpf – Sonderfigur | |
| | |
| | |
| | |
| | |
| | |
| | |
| Beipackzettel – 9 verschiedene | |
| Beipackzettel – Geburtstagsschlumpf | |

## 2008 – Monsters & Pirates

| |  |
|---|---|
| Pablo | |
| Myri | |
| Shill | |
| Donnie | |
| Flinn | |
| Alisea | |
| Thomas | |
| Zorion | |
| Rolfo | |
| | |
| | |
| | |
| Beipackzettel – 9 verschiedene | |

## 2008 – Eiermänner – Kinderino

| |  |
|---|---|
| Fußballer | |
| Skifahrer | |
| Skater | |
| Bungee Jumper | |
| Karateka | |
| | |
| | |
| | |
| Beipackzettel – 5 verschiedene | |

## 2009 – Ice Age 3

| | |
|---|---|
| Mama Dinosaurier – Steg rund | |
| Mama Dinosaurier – Steg flach | |
| Elli | |
| Manny Mammut | |
| Diego | |
| Rudy Baryonyx | |
| Girl Scrat | |
| Scrat | |
| Buck | |
| T-Rex Babys | |
| Sid | |
| | |
| | |
| | |
| | |
| | |
| | |
| Beipackzettel – 10 verschiedene | |

## 2009 – Wickie und die starken Männer

| |   |
|---|---|
| Congaz | |
| Der schreckliche Sven | |
| Tjure & Snorre | |
| Halvar | |
| Wickie | |
| Urobe | |
| Gorm | |
| Ulme | |
| Faxe | |
| | |
| | |
| | |
| | |
| | |
| | |
| Beipackzettel – 9 verschiedene | |

## 2009 – 50 Jahre Asterix

| | |
|---|---|
| Obelix | |
| Asterix – Kopf gerade | |
| Asterix – Kopf schräg | |
| Stellatoix | |
| Stellatoix – rosa Schleife | |
| Stellatoix – rosa Schleife + bemalter Fassrand | |
| Der rote Korsar | |
| Julius Cäsar | |
| Cleopatra | |
| Costa y Bravo | |
| Orandschade | |
| | |
| | |
| | |
| | |
| | |
| | |
| | |
| Beipackzettel – 8 verschiedene | |

## 2009 – Happy Hippo Talent Show

| | |
|---|---|
| Max M! Macher | |
| Henri Hippowalk | |
| Tanja Tütü | |
| Hansi Herzschmerz | |
| MC Happy Hippo | |
| Goldie Goldkelchen | |
| Goldie Goldkelchen – leuchtet unter UV | |
| Louis Luftgitarre | |
| Bobby Breakdance | |
| Ronny Rhythmus | |
| Happy Hippo USB Stick – kleine Figur | |
| Happy Hippo USB Stick – große Figur | |
| | |
| | |
| | |
| | |
| | |
| | |
| Beipackzettel – 9 verschiedene | |

## 2010 – Shrek 4

| |  |
|---|---|
| Peffy | |
| Drache | |
| Esel | |
| Fiona – Haare rotbraun – Oberteil dunkelbraun | |
| Fiona – Haare rot – Oberteil braun | |
| Shrek | |
| Rumpelstilzchen | |
| Rumpelstilzchen – Schrift schwarz | |
| Wolf | |
| Der gestiefelte Kater | |
| Brogan – Schürze grau | |
| Brogan – Schürze rotbraun | |
| Brogan – Schürze dunkelbraun | |
| | |
| | |
| | |
| | |
| | |
| | |
| Beipackzettel – 9 verschiedene | |

## 2010 – Großstadthunde

| | |
|---|---|
| Wilhelm von Weimar | |
| DJ Daggel | |
| Chi Chi | |
| Chi Chi – Knöpfe auf der Mütze in gold | |
| Rex Bell | |
| Sam Schnüffler | |
| Sam Schnüffler – rote Zunge | |
| Pauline Plauder | |
| Don Dogge | |
| Bob Bull | |
| Tina Terry | |
| Kurt Klampfe | |
| Kurt Klampfe – Stirnband mit Blumen | |
| Rex Bell USB Stick | |
| | |
| | |
| | |
| | |
| | |
| | |
| | |
| Beipackzettel 11 verschiedene | |

## 2010 – Saustark – Duell in der Küche

| | |
|---|---|
| Antonio Aldente | |
| Brunold Brutzel | |
| Willi Chilli | |
| Ronnie Rost Weiß | |
| Kalle Konfekt | |
| Kalle Konfekt – rotes Halstuch | |
| Didier Deko | |
| Ottmar Oktav | |
| Hick Hack | |
| Toni Tataaa | |
| | |
| | |
| | |
| | |
| | |
| Beipackzettel – 9 verschiedene | |

## 2010 – Looney Tunes Pisten Gaudi

| | |
|---|---|
| Bugs Bunny | |
| Duffy Duck | |
| Sylvester | |
| Taz | |
| Tweety | |
| Wil E. Coyote | |
| | |
| Beipackzettel – 6 verschiedene | |

## 2011 – Kung Fu Panda 2

| | |
|---|---|
| Master Mantis | |
| Master Tigress | |
| Master Viper | |
| Master Monkey | |
| Master Crane | |
| Po | |
| Baby Po | |
| Lord Shen | |
| | |
| | |
| | |
| | |
| | |
| | |
| | |
| Beipackzettel | |

## 2011 – Die Heimwerker Elefanten

| |  |
|---|---|
| Fido Falschröm | |
| Ingo Isklar | |
| Nils Neunmalklug | |
| Nils Neunmalklug – bemalte Stoßzähne | |
| Tilo Tupf – ein Farbklecks auf dem Arm | |
| Tilo Tupf – ohne Farbkleckse | |
| Tilo Tupf – Farbkleckse auf Arm und Po | |
| Toni Tolpatsch | |
| Willi Wegfrei | |
| Paul Päuschen | |
| Kuni Kleister | |
| Erika Mustermann | |
| Dan Dübel | |
| Dan Dübel – USB Stick | |
| Tilo Tup – USB Stick | |
| | |
| | |
| | |
| | |
| | |
| | |
| Beipackzettel – 10 verschiedene | |

## 2011 – Dufte Typen – Smarte Stinker

| | |
|---|---|
| Willy Was n´Spaß | |
| Willy Was n´Spaß – mit Luftblase/n | |
| Schorschi Schnüffelmal | |
| Pierre Yippieyeah | |
| Fernanda Feurig | |
| Don Dufte | |
| Sammy Schwammdrüber | |
| Nella Niedlich | |
| Fritz Fix wie Nix | |
| Nick Naturpur | |
| | |
| | |
| | |
| | |
| | |
| | |
| Beipackzettel | |

## 2011 – Die Schlümpfe

| | |
|---|---|
| Hefti | |
| Gargamel – grauer Anzug | |
| Gargamel – glänzender Anzug schwarz | |
| Gargamel – matter Anzug schwarz | |
| Fauli | |
| Fürchti | |
| Papa Schlumpf | |
| Schlaubi | |
| Schlumpfine | |
| Schlumpfine – ohne Slip | |
| Baby Schlumpf | |
| | |
| | |
| | |
| | |
| | |
| | |
| Beipackzettel – 8 verschiedene | |

## 2011 – WinX Club

| Musa |  |
|---|---|
| Flora |  |
| Bloom |  |
| Tecna |  |
| Stella |  |
| Layla |  |
|  |  |
|  |  |
| Beipackzettel |  |

## 2012 – Ice Age 4

| Scrat |  |
|---|---|
| Scrat – Nuss glänzend |  |
| Diego |  |
| Manny |  |
| Sid |  |
| Gutt |  |
| Dobson |  |
| Hyrax – Bodenplatte transparent |  |
| Hyrax – Bodenplatte transparent – Rückansicht grün |  |
| Hyrax – Bodenplatte trüb |  |
| Shira |  |
| Silas – Bodenplatte transparent |  |
| Silas – Bodenplatte trüb |  |
|  |  |
| Beipackzettel – 9 verschiedene |  |

## 2012 - Twistheads

| |  |
|---|---|
| Mac Zap | |
| Mac Zap – Hemd mit Ausschnitt | |
| Capitano Cattura | |
| Baby Bohoo | |
| Monkey | |
| Fränki | |
| Fränki – mit Gürtel | |
| Merkurio | |
| Merkurio – Beine mit Streifen | |
| Shateki – Schwertgriff rot | |
| Shateki – Schwertgriff weiß | |
| Lady Lala | |
| Big Love | |
| Big Love – rosa Gürtelschnalle | |
| Mr. Überraschung | |
| Blubba | |
| Blubba – mit hellblauem Gürtel | |
| Graf Zahn | |
| | |
| | |
| | |
| | |
| | |
| | |
| Beipackzettel – 24 verschiedene | |

## 2012 – WinX Club

| | |
|---|---|
| Bloom | |
| Sky | |
| Flora | |
| Stella | |
| Tecna | |
| Musa | |
| Icy | |
| Laila | |
| | |
| | |
| | |
| | |
| | |
| | |
| | |
| Beipackzettel – 8 verschiedene | |

## 2012 – Twistheads – Star Wars

| | |
|---|---|
| Jango Fett | |
| Jar Jar Binks | |
| Obi-Wan | |
| Clone Trooper | |
| Count Dooku | |
| Darth Vader | |
| Padme Amidala | |
| R2-D2 | |
| Yoda | |
| C-3PO | |
| | |
| | |
| | |
| | |
| | |
| Beipackzettel – 10 verschiedene | |

## 2012 – Barbie Fashionistas

| | |
|---|---|
| Barbie Schick | |
| Barbie Stylisch | |
| Barbie Trendy | |
| Barby Romantisch | |
| | |
| | |
| | |
| Beipackzettel – 4 verschiedene | |

| 2013 – Die Monster Uni | |
|---|---|
| Mike Glotzkowski | |
| Sulley | |
| Randy Boggs | |
| Squishy | |
| Art | |
| Don Carlton | |
| Johnny Worthing | |
| Brock Pearson | |
| Archie | |
| | |
| | |
| | |
| Beipackzettel – 9 verschiedene | |

## 2013 – Die Schlümpfe 2

| Papa Schlumpf | |
| Schlumpfine | |
| Clumsy | |
| Schlaubi | |
| Muffi | |
| Beauty | |
| Zicky | |
| Hippel | |
| Gargamel – Steckverbindung schwarz | |
| Gargamel – Steckverbindung beige | |
| | |
| | |
| | |
| | |
| Beipackzettel – 8 verschiedene | |

## 2013 – Disney Prinzessin

| Arielle | |
| Dornröschen | |
| Belle | |
| Aschenputtel | |
| Jasmin | |
| Rapunzel | |
| Schneewittchen | |
| | |
| Beipackzettel – 7 verschiedene | |

## 2013 – Monster & Pirates 2

| | |
|---|---|
| Finn | |
| Alisea | |
| Meerjungfrau | |
| Korsar | |
| Pelikan | |
| Pablo | |
| Kompass – Deckel mit Zahlen | |
| Kompass – Deckel ohne Zahlen | |
| Schatztruhe | |
| Segelschiff 1 | |
| Segelschiff 2 | |
| | |
| | |
| | |
| | |
| | |
| Beipackzettel – 10 Verschiedene | |

## 2013 – Kinderino Sport

| | |
|---|---|
| Skateboarder | |
| Taucher | |
| Fußballer | |
| Boxer | |
| Karateka | |
| Tennisspieler | |
| Basketballer | |
| Gewichtheber | |
| | |
| Beipackzettel – 8 Verschiedene | |

## 2013 – Twistheads MARVEL

| | |
|---|---|
| Spiderman | |
| Captain America | |
| Ironman | |
| Hulk | |
| Wolverine | |
| Thor | |
| Venom | |
| Green Goblin | |
| Lizard | |
| Loki | |
| | |
| | |
| Beipackzettel – 10 Verschiedene | |

## 2013 – Micky Maus und Freunde

| | |
|---|---|
| Micky Maus | |
| Donald Duck | |
| Daisy Duck | |
| Minni Maus | |
| Goofy | |
| Dagobert | |
| Track | |
| Tick | |
| Trick | |
| Kater Karlo | |
| Panzerknacker - 617-716 | |
| Panzerknacker - 761-167 | |
| Panzerknacker - 176-671 | |
| | |
| | |
| | |
| | |
| | |
| | |
| | |
| Beipackzettel – 11 verschiedene | |

## 2013 - Transformers

| |  |
|---|---|
| Arcee | |
| Bulkhead | |
| Bumblebee | |
| Megatron | |
| Optimus Prime | |
| Ratchet | |
| Soundwave | |
| Starscream | |
| | |
| | |
| | |
| | |
| | |
| Beipackzettel – 8 Verschiedene | |

## 2013 – Barbie I can bee....

| | |
|---|---|
| Schauspielerin | |
| Künsterlin | |
| Köchin | |
| Ärztin | |
| Tennisspielerin | |
| Ballerina | |
| Rockstar – links mit gelbem Armband | |
| Rockstar – links ohne gelbes Armband | |
| Rockstar – linker Arm anders | |
| Rettungsschwimmerin | |
| Barby trendy – Sonderfigur | |
| Armband | |
| Vorhängeschloss | |
| Barbie Erlebniskarte | |
| | |
| | |
| | |
| Beipackzettel – 11 verschiedene | |

## 2014 – Rio 2

| |  |
|---|---|
| Blu | |
| Jewel | |
| Nigel | |
| Nico | |
| Pedro | |
| Bia & Carla | |
| Charlie | |
| Gaby | |
| Carla | |
|  | |
| Beipackzettel – 9 Verschiedene | |

## 2014 – Disney Fairies – Tinker Bell und die Piratenfee

| |  |
|---|---|
| Emily | |
| Klara | |
| Periwinkle | |
| Rosetta | |
| Silberhauch | |
| Tinker Bell | |
| Vidia | |
| Zarina | |
| Zauberring | |
| Feen-Blüte – blass | |
| Feen-Blüte – kräftige Farbe | |
| Beipackzettel – 10 Verschiedene | |

## 2014 – Die Überraschungsparty – 40 Jahre Ü-Ei

| | |
|---|---|
| Alex | |
| Mike Macho | |
| Dapsy Dino | |
| Lili Leckermäulchen | |
| Sammy Speed | |
| Happy Hippo – hellblau | |
| Happy Hippo – dunkelblau | |
| Kinderino | |
| Marylinchen | |
| Marylinchen – Gold Edition | |
| Gustl Glückspilz | |
| Sven Startklar | |
| Willi Wagemut | |
| Geburtstagsschlumpf | |
| Geburtstagsschlumpf – Sonderfigur blaues Paket | |
| Marino | |
| Tweety | |
| | |
| | |
| | |
| | |
| Beipackzettel – 14 verschiedene | |
| Beipackzettel – Geburtstagsschlumpf Sonderfigur | |
| Beipackzettel – Marylinchen in gold | |

## 2014 – Hello Kitty

| | |
|---|---|
| Kitty als Künsterlin | |
| Kitte mit Schminktisch | |
| Kitty am Meer | |
| Kitty als Fee | |
| Kitty als Gärtnerin | |
| Kitty geht schlafen | |
| Kitty im Partylook | |
| Kitty im Winter | |
| | |
| | |
| Beipackzettel – 8 Verschiedene | |

## 2014 – MARVEL Avengers Assemble

| | |
|---|---|
| Iron Man | |
| Thor | |
| Hulk | |
| Captain America | |
| Titan | |
| Hawkeye | |
| Nick Fury | |
| Loki | |
| | |
| | |
| | |
| Beipackzettel – 8 verschiedene | |

## 2014 – Die Pinguine von Madagaskar

| |
|---|
| Rico |
| Skipper |
| Kowalksi |
| Private |
| Agent Geheimsache |
| Corporal |
| Eva |
| Eva – kurze Lunte |
| Dave |
| |
| |
| |
| Beipackzettel – 9 verschiedene |

## 2015 – Spongebob Schwammkopf – Kinder Joy

| |
|---|
| Spongebob |
| Plankton |
| Gary |
| Sandy Cheeks |
| |
| Ring |
| Schlüsselanhänger |
| |
| |
| Beipackzettel – 6 verschiedene |
| |

| 2015 – Die samtige Stachelbande | |
|---|---|
| | |
| Igel orange | |
| Igel gelb | |
| Igel blau | |
| Igel grün | |
| Igel hellblau | |
| Igel rot | |
| | |
| | |
| Beipackzettel – 6 verschiedene | |
| | |
| **2015 – Angry Birds** | |

| | |
|---|---|
| Bomb | |
| Matilda | |
| Chuck | |
| Red | |
| Red mit Pokal | |
| Al | |
| The Blues | |
| Red auf Ski | |
| Kreisel | |
| Speed-Rad | |
| | |
| | |
| Beipackzettel – 10 verschiedene | |

## 2015 – Die Minions

| | |
|---|---|
| Dino Minion | |
| Steinzeit Minion | |
| Schatz Minion | |
| Graf Minion | |
| Graf Minion – leuchtet im Dunkel | |
| Napoleon | |
| Napoleon mit weißer Hose | |
| Bob | |
| Stuart | |
| Kevin | |
| | |
| | |
| | |
| | |
| | |
| | |
| | |
| | |
| Beipackzettel – 8 verschiedene | |

## 2015 – My little Pony

| |  |
|---|---|
| Equestria | |
| Fluttershy | |
| Equestria Pinkie Py | |
| Pinkie Py | |
| Rainbow Dash | |
| Equestria Rainbow Dash | |
| Twillight Sparkle | |
| Equestria Twilligt Sparkle | |
| | |
| Beipackzettel – 8 verschiedene | |

## 2015 – Disney Princess – Palace Pets

| |  |
|---|---|
| Cinderella | |
| Rapunzel | |
| Dornröschen | |
| Arielle | |
| Bella | |
| Korallina | |
| Ballerine | |
| Sonata | |
| Blüten-Haarclip | |
| Blüten-Ring | |
| Herz-Ring | |
| | |
| Beipackzettel – 11 verschiedene | |

## 2015 – Kung Fu Panda 3

| | |
|---|---|
| Po | |
| Shifu | |
| Bao | |
| Kai | |
| Li | |
| Mei Mei | |
| Mr. Ping | |
| Meister Tigress | |
| Oogway | |
| Action Po | |
| | |
| | |
| Beipackzettel – 10 verschiedene | |

## 2016 – Mascha und der Bär

| | |
|---|---|
| Mascha mit weißem Mantel | |
| Mascha mit rotem Kleid | |
| Bär | |
| Wolf | |
| Mascha als Malerin | |
| Bär als Koch | |
| Schwein | |
| Lehrerin | |
| | |
| Beipackzettel – 8 verschiedene | |

## 2016 – Star Wars – Episode 7

| |  |
|---|---|
| Stormtrooper | |
| Darth Vader | |
| Chewbacca | |
| Prinzessin Leia | |
| Yoda | |
| C3PO | |
| R2D2 | |
| Han Solo | |
| Luke Skywalker | |
| Schlüsselanhänger | |
| Rotfilter | |
| | |
| Beipackzettel – 11 verschiedene | |

## 2016 – Ice Age 5 – Kollision voraus

| |  |
|---|---|
| Brooke | |
| Diego | |
| Manni | |
| Scrat mit Eichel | |
| Scrat mit Raumanzug | |
| Buck | |
| Sid | |
| Sid – dunkler Körper | |
| Crash & Eddie | |
| | |
| Beipackzettel – 8 verschiedene | |

## 2016 – Findet Dorie

| |  |
|---|---|
| Marlin | |
| Bailey | |
| Hank | |
| Destiny | |
| Dorie | |
| Nemo | |
| Otter | |
| Krabbe | |
| | |
| Beipackzettel – 8 verschiedene | |

## 2016 – Die Eiskönigin

| |  |
|---|---|
| Anna | |
| Elsa | |
| Kristoff | |
| Sven | |
| Olaf | |
| Elsa als Kind | |
| Anna als Kind | |
| Grandpabble | |
| | |
| | |
| | |
| Beipackzettel – 8 verschiedene | |

## 2016 - Barbie

| | |
|---|---|
| Barbie Girl Sunglasses | |
| Barbie Pink Glam | |
| Barbie Sporty Gym | |
| Barbie Sporty Skate | |
| Barbie Street Glam | |
| Barbie Sweet Style | |
| Barbie Super Hero – 9 Aufkleber | |
| Barbie Super Hero – 8 Aufkleber | |
| | |
| | |
| | |
| | |
| | |
| | |
| | |
| | |
| | |
| Beipackzettel – 8 verschiedene | |

## 2017 – Die Schlümpfe – Das verlorene Dorf

| | |
|---|---|
| Papa Schlumpf | |
| Hefty | |
| Clumsy | |
| Schlumpfine | |
| Gargamel – Hände unbemalt | |
| Gargamel – Hande bemalt | |
| Schlaubi | |
| Schlumpfhilde | |
| Schlumpfhilde – Zopf breit | |
| Azrael | |
| | |
| | |
| | |
| | |
| | |
| | |
| | |
| Beipackzettel – 8 verschiedene | |

## 2017 – Kinderino - Berufe

| | |
|---|---|
| Feuerwehrmann | |
| Polizist | |
| Maler | |
| Angler | |
| Gärtner – Ranke mit 1 Befestigung | |
| Gärtner – Ranke mit 2 Befestigungen | |
| Arzt | |
| Koch | |
| Astronaut | |
| | |
| | |
| | |
| | |
| | |
| | |
| | |
| | |
| Beipackzettel – 8 verschiedene | |

## 2017 – Twistheads Justice League

| | |
|---|---|
| Flash | |
| Batman | |
| Catwoman | |
| Green Lantern | |
| Joker | |
| Robin | |
| Superman | |
| Wonder Woman | |
| | |
| | |
| Beipackzettel – 8 verschiedene | |

## 2017 – Die Hippe Hasensippe

| | |
|---|---|
| Cooler Hase | |
| Hase mit Blume | |
| Küken mit Inliner | |
| Küken mit Mikrophon | |
| Hase mit Baseball | |
| Küken mit Schläger | |
| | |
| | |
| Beipackzettel – 6 verschiedene | |

## 2017 – Teen Idols

| |  |
|---|---|
| Cristiano Ronaldo | |
| Serena Williams | |
| Lindsey Lohan | |
| Joe Bastianich | |
| Albert Einstein | |
| Cristoforo Colombo | |
| Usain Bolt | |
| Tori Kelly | |
| Jessie J | |
| Alessia Cara | |
| Cody Simpson | |
| Avril Lavigne | |
| Ludwig van Beethoven | |
| Leonardo da Vinci | |
| Kygo | |
| Lewis Hamilton | |
| | |
| | |
| | |
| | |
| | |
| Beipackzettel – 16 verschiedene | |

## 2017 – Mascha und der Bär 4

| Eichhörnchen |  |
|---|---|
| Pinguin |  |
| Panda |  |
| Bär |  |
| Bärin |  |
| Mascha mit Winterkleidung |  |
| Mascha – Arme ausgebreitet |  |
| Bär 2 |  |
|  |  |
|  |  |
| Beipackzettel – 8 verschiedene |  |

## 2017 – Despicable Me 3

| Gru |  |
|---|---|
| Agnes |  |
| Edith |  |
| Stuart |  |
| Margo |  |
| Dave |  |
| Phil |  |
| Balthazar Bratt |  |
| Carl |  |
| Dru |  |
|  |  |
|  |  |
| Beipackzettel – 10 verschiedene |  |

## 2017 – DC Super Hero Girls

| | |
|---|---|
| Bumblebee | |
| Catwoman | |
| Poison Ivy | |
| Supergirl | |
| Wonder Woman | |
| Harley Quinn | |
| Katana | |
| Batgirl | |
| | |
| | |
| | |
| Beipackzettel – 8 verschiedene | |

## 2017 – Hello Kitty

| | |
|---|---|
| Kitty als Künstlerin | |
| Kitty macht sich schick | |
| Kitty am Meer | |
| Kitty als Fee | |
| Kitty im Garten | |
| Kitty geht schlafen | |
| Kitty geht auf eine Party | |
| Kitty im Winter | |
| | |
| | |
| Beipackzettel – 8 verschiedene | |

## 2017 – The Happos Family

| | |
|---|---|
| Astro Happo | |
| Balerina Happo | |
| Balerina Happo – Gold – (nur 3 Exemplare aus echtem Gold) | |
| Stunt Happo | |
| Flower Happo | |
| Handwerker Happo | |
| Pirate Happo | |
| Sporty Happo | |
| Super Happo | |
| | |
| | |
| | |
| | |
| Beipackzettel – 8 verschiedene | |

## 2017 – Teenage Mutant Ninja Turtels

| | |
|---|---|
| Rafaello | |
| Michelangelo | |
| Donatello | |
| Leonardo | |
| Shredder | |
| Kraag Droid | |
| Meister Splinter | |
| Kraag | |
| Scheibenspiel | |
| | |
| | |
| Beipackzettel – 9 verschiedene | |

## 2017 – The Powerpuff Girls

| | |
|---|---|
| Mojo Jojo | |
| Buttercup | |
| Bubbles | |
| Pro. Utonium | |
| Blossom | |
| Trio | |
| Donny | |
| Princess Morbucky | |
| | |
| | |
| Beipackzettel – 8 verschiedene | |

## 2018 – Kleine Ostermaler

| | |
|---|---|
| Huhn rot | |
| Huhn gelb | |
| Frosch grün | |
| Frosch orange | |
| Hase grau | |
| Hase türkis | |
| | |
| Beipackzettel – 6 verschiedene | |

## 2018 – Mascha und der Bär 5

| | |
|---|---|
| Tiger | |
| Mischa | |
| Ninja | |
| Mascha läuft Schlittschuh | |
| Mascha mit Besen | |
| Bärin | |
| Hund | |
| Hase | |
| | |
| | |
| Beipackzettel – 8 verschiedene | |

## 2018 - Emojoy

| | |
|---|---|
| Mit Herzaugen | |
| Einen Kuss sendend | |
| Mit herausgestreckter Zunge | |
| Zornig | |
| Lecker | |
| Mit Sonnenbrille | |
| Grimassen schneidend | |
| Mit Lachtränen | |
| Freudig | |
| Zwinkernd | |
| Mit Brille | |
| Nachdenklich | |
| | |
| | |
| | |
| | |
| | |
| | |
| Beipackzettel – 12 verschiedene | |

## 2018 – Schlümpfe in der City

| |
|---|
| Skater |
| Blumen-Schlumpfine |
| Fluglotse |
| Jogger |
| Kletterschlumpf |
| Pilot Papa Schlumpf |
| Feuerwehrschlumpf |
| Shopping-Schlumpfine |
| Röntgen-Schlumpf |
| Doktor-Schlumpf |
| |
| |
| |
| |
| |
| |
| |
| Beipackzettel – 10 verschiedene |

## 2018 – Minions auf Reisen

| | |
|---|---|
| Minion mit Sonnenbrille | |
| Minion als Cowboy | |
| Foto Minion | |
| Haway Minion | |
| Fahrrad Minion | |
| Schnorchel Minion | |
| Entdecker Minion | |
| | |
| Beipackzettel | |

## 2018 - Barbie - Traumberufe

| | |
|---|---|
| Fußballerin | |
| Eiskunstläuferin | |
| Regiseurin | |
| Konditorin | |
| Wissenschaftlerin | |
| Tierärztin | |
| Djane | |
| Künstlerin | |
| | |
| | |
| | |
| | |
| Beipackzettel | |

**2018 - Miraculous**

| | |
|---|---|
| Cat | |
| Cloe | |
| Marinette | |
| Tikki & Plagg | |
| Adrien | |
| Alya | |
| Lady Bug | |
| Hawk Month | |
| | |
| Beipackzettel | |

**2019 – Trollz World Tour**

| | |
|---|---|
| Cooper | |
| Diamond | |
| Poppy | |
| Queen Barb | |
| Branch | |
| Cloud | |
| Hickory | |
| King Trolex | |
| | |
| | |
| | |
| Beipackzettel | |

## 2019 – Pets 2

| | |
|---|---|
| Snowball | |
| Duke | |
| Liam | |
| Max | |
| Chloe | |
| Gidget | |
| Dummy | |
| Daisy | |
| | |
| | |
| Beipackzettel | |

## 2019 – Die Enchantimals

| | |
|---|---|
| Bree Bunny | |
| Cherish | |
| Sage Skunk & Caper | |
| Patter | |
| Peeki | |
| Danessa Deer | |
| Felicity Fox und Flick | |
| | |
| | |
| | |
| Beipackzettel | |
| | |

## 2019 – Mascha und der Bär 6

| | |
|---|---|
| Mischa mit Schild | |
| Panda | |
| Pinguin | |
| Wolf | |
| Mischa mit Angel | |
| Mascha mit Eishockeyschläger | |
| Hase | |
| Mascha mit Mütze | |
| | |
| | |
| | |
| | |
| | |
| | |
| | |
| | |
| | |
| Beipackzettel | |

Im Handel
ISBN 978 – 3750435605

**Sammlungskatalog für WM und EM Maskottchen alle Turniere von 1966 bis heute.**